小学科学拓展阅读丛书

课本上学不到de

科学 五年级

主编 陈蕾

U1074902

上海科技教育出版社

图书在版编目(CIP)数据

课本上学不到的科学. 五年级. /陈蕾主编. —上海：上海科技教育出版社，2014.7

（小学科学拓展阅读丛书）

ISBN 978-7-5428-5991-4

Ⅰ. ①课… Ⅱ. ①陈… Ⅲ. ①科学知识—小学—课外读物 Ⅳ. ①G624.63

中国版本图书馆CIP数据核字(2014)第129194号

目录

生物入侵知多少

你知道吗

不能携带的物品

出国旅游通常不可以携带肉制品、蛋制品、乳制品和蔬菜水果，从国外回来也不要携带当地的动物产品、蔬菜和水果。如果违反这些规定，很可能就要面临巨额罚款甚至更严重的惩罚，因为这些不起眼的物品极有可能产生非常严重的生态危害。

入侵物种

动植物和人类一样，都有自己的老家，也就是人们常说的原产地。在原产地，有它们赖以生存的食物、气候和环境，也有制约它们的天敌，这样，它们的物种数量就可以维持在一个稳定的状态。那么，如果动植物离开它们的老家，搬到一个新环境，结果会怎样呢？

如果新环境缺少食物或者气候环境不适合，那么毫无疑问，这些动植物很快就会因为水土不服而死亡。例如，让鱼离开水，鱼很快就会死去；把蚂蚁淹到水里，蚂蚁也会死去。但是，假如新环境特别适合这些生物生存，并且没有天敌的制约，情况可就不妙了！那些由原产地通过自然或人为途径迁移到新的生态环境，并且最终影响当地生态环境，损害当地生物多样性的物种被称为入侵物种。入侵物种对于生态环境的破坏非常严重，治理起来也十分困难。

小调查

查找资料，调查一下你生活的地区是否有入侵物种？它们对当地的生态造成了哪些影响？

我发现的入侵物种：

它的危害：

被"通缉"的巴西龟

巴西龟学名红耳龟，它身上的颜色非常艳丽，背甲呈翠绿色或苹果色，最显著的特征是头顶后部两侧有两条红色或黄色的粗条纹。巴西龟的老家不在巴西，而是美国。小巧可爱的巴西龟一直都是不少家庭的宠物。然而在可爱的外表下，谁又知道它们如今已成为全球"通缉犯"！

巴西龟活泼好动，常会抢夺其他乌龟的食物，甚至捕食其他本地龟类。再加上巴西龟繁殖速度惊人，别的乌龟还没长大，它就早已子孙满堂，很快就让其他乌龟再无容身之所。因此，巴西龟对于其他乌龟而言是非常大的威胁。

目前，巴西红耳龟已经被世界自然保护联盟(IUCN)列为世界最危险的100个入侵物种之一。因此，巴西龟绝对不可以放生到野外！

小调查

请你选择一只普通的乌龟和一只巴西红耳龟，通过查资料和到宠物店做调查，记录下它们的区别和相似之处。制作资料卡来交流一下。

巴西红耳龟

特征：____________

____

____

相似之处

把你的乌龟照片贴在这里

乌龟名称：____________

特征：____________

____

____

让人又爱又恨的互花米草

● 保滩护堤的好帮手

互花米草原来生长于美洲大西洋沿岸和墨西哥湾。它看上去有点柔弱，但在看不见的地下，发达的根状茎延伸至0.5—1米的土壤深处，牢牢地抓住水底的淤泥，无论是狂风还是巨浪都无法让它移动分毫。它还可以忍受盐度极高的海水，促进水中的泥沙快速沉积形成陆地。因此，20世纪初许多国家都引进了这种植物来保护滩涂河堤，在海岸造陆地。中国从1979年开始引入互花米草并取得了一定的经济效益。

疯狂蔓延的互花米草

● 反客为主

1995年，互花米草首次出现在崇明东滩，1997年，开始引入上海九段沙，2001年，开始大量引入崇明东滩。那时人们担心的是：这种小草能否活下来？出人意料的是，互花米草很快展示出了自己强大的竞争优势，它不仅能够适应崇明东滩的环境，而且具有极强的繁殖能力，一株互花米草一年能繁殖出几十甚至上百株。互花米草引入后，便迅速扩张并占据芦苇、海三棱藨草的生存空间，导致芦苇和海三棱藨草的生长面积锐减，甚至在局部区域消失。

芦苇

海三棱藨草

池鱼之殃

位于长江入海口的崇明东滩鸟类国家级自然保护区是亚太地区迁徙水鸟的重要通道。迁徙季节，万鸟齐飞，遮天蔽日。互花米草的到来，正悄悄改变着这里的景象。

大滨鹬

大滨鹬，全世界迁徙距离最长的鸟，每年迁徙途中都会在崇明东滩休整一个月，补充体力。互花米草近年迅速向光滩蔓延，光滩面积正在缩小。大滨鹬可能因此失去在东滩的旅行中继站，无处歇脚。

另一种国家一级保护动物白头鹤，只在海三棱藨草群落中觅食地下球茎和根茎。当海三棱藨草被互花米草取代之后，白头鹤将无处觅食。

震旦鸦雀对芦苇丛有着非常强烈的依赖性，它的所有活动，包括觅食、筑巢、繁殖都在芦苇丛中进行。在沿海滩涂，互花米草不断蔓延、咄咄逼人，导致芦苇节节败退。互花米草的疯狂扩张对于震旦鸦雀栖息地的影响几乎是毁灭性的。

2003年，我国公布了第一批外来入侵物种名单，互花米草在十六种入侵物种当中位居第六。

震旦鸦雀

白头鹤

动动手 · 普通植物能在海水中生活吗

材料：芹菜，4个杯子，标签纸，盐，清水，一个调味勺。

步骤：

1 在4个杯子里装上清水。

2 第1个杯子里放入半勺盐，第2个杯子里放入4勺盐，第3个杯子里放10勺盐，第四个杯子什么都不放。

3 给每个杯子贴上标签，分别写上1/2、4、10和清水。

4 把4棵芹菜分别放入4个杯子里。

5 每隔一段时间记录下芹菜的变化，如果有相机，最好拍下照片取证。持续观察三天。

6 写下自己的观察体会，尝试用其他植物做这个实验，结果是否一样？

自然界里的朋友与敌人

动动脑

有一天，蚯蚓弟弟呆在家里很无聊，于是他就把自己切成两段，这样就可以打乒乓球了。

蚯蚓妈妈想，这真是个好办法，可是我想打牌。于是她把自己切成4段，围成一圈打牌。

蚯蚓爸爸说："我要踢足球！"于是他把自己切成11段……

猜一猜，结果是什么？

强大的再生能力

有些动物如同随身携带"再生神药",无论身体受到多大的创伤都能奇迹般复原,是不是很让人羡慕呢?

● 被腰斩的蚯蚓

蚯蚓被拦腰截断,两头居然都能动。那么,它是否能够变成两条蚯蚓呢?

蚯蚓的确有惊人的复原能力,不论是缺头或是少尾,都有可能长成有头有尾的个体。但是,前提是蚯蚓要年轻、健壮,被切断后的身体要有足够的复原功能,并且不被细菌感染。

小调查

蚯蚓弟弟和蚯蚓妈妈真的不会死吗?让我们通过实验寻找答案吧。

到野地里挖两条蚯蚓,用小刀把其中一条切成两截,再把另外一条切成四截。然后把蚯蚓放回土里,用脸盆之类的遮蔽物把它盖住,防止蚯蚓被鸟类叼走。过一段时间之后再回来检查蚯蚓是否已经逃走。

● 断尾求生的壁虎

壁虎遇到敌人攻击时，会果断地把自己的尾巴折断，然后逃之夭夭。刚断落的尾巴甚至还会不断扭动，吸引敌人的注意力，掩护壁虎逃跑。不过你不用为壁虎担心，因为壁虎身体里会分泌出一种激素，这种激素能刺激尾巴再生。很快，壁虎就能长出新尾巴了。

你知道吗

人有可能断肢再生吗

人有可能断肢再生吗？在现阶段，如果有人断了一根手指，倘若抢救及时，医生还是有可能把手指接回去的，但是要想长出一根新手指似乎还是天方夜谭。要说谁最有潜力实现这一梦想，干细胞技术会是一个不错的候选者。

干细胞的种类很多，其中的胚胎干细胞可以分化出人体的任何一种细胞，例如骨骼、血液、肌肉的细胞。不过，由于细胞分化是个非常复杂的过程，科学家目前仍无法完全破解其中的奥秘，因此也无法利用干细胞进行断肢再生。

也许未来的某一天，人类真的可以实现断肢再生的愿望。想一想，如果那一天真的到来，人类将有哪些疾病可以得到治疗？世界将会发生怎样的改变？

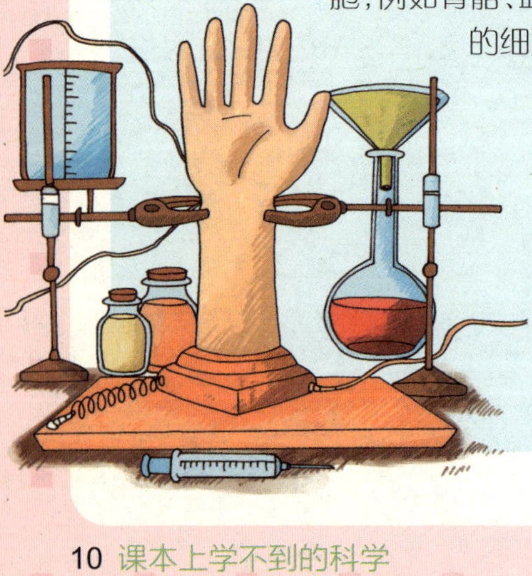

唇齿相依的朋友

400多年前,带着来复枪和猎犬的欧洲人来到了毛里求斯,不会飞又跑不快的渡渡鸟成了他们主要的食物来源。由于过度的捕杀,渡渡鸟的数量越来越少。1681年,最后一只渡渡鸟被残忍地杀害了。

奇怪的是,渡渡鸟灭绝后,毛里求斯特产的一种珍贵树木——大颅榄树也渐渐稀少,到了20世纪80年代,毛里求斯只剩下13株大颅榄树,这种名贵的树眼看也要从地球上消失了。

1981年,美国生态学家坦普尔来到毛里求斯,这一年正好是渡渡鸟灭绝300周年。坦普尔细心地测定了仅存的大颅榄树的年轮后发现,它的树龄正好是300年,就是说,渡渡鸟灭绝之日也正是大颅榄树“绝育”之时。坦普尔还发现,在渡渡鸟的遗骸中有几颗大颅榄树的果实。原来渡渡鸟喜欢吃这种树木的果实,大颅榄树的果实被渡渡鸟吃下去后,果皮被消化掉了,种子外边的硬壳也消化掉,这样种子排出体外才能够发芽。渡渡鸟与大颅榄树相依为命,鸟以果实为食,树靠鸟来发芽,它们一损俱损,一荣俱荣。

渡渡鸟标本

毛里求斯国徽中的渡渡鸟

模仿高手

在热带雨林中，生活着全世界最美丽也最毒的蛙——箭毒蛙。箭毒蛙皮肤的分泌物含有致命毒素，它们利用色彩鲜艳的皮肤警告来犯的敌人，这种鲜艳的颜色被称为警戒色。有一种无毒的树蛙，不像一般的动物用保护色隐藏自己，而是拥有箭毒蛙一样鲜艳的警戒色，吃过箭毒蛙苦头的敌人看到它们会误以为是箭毒蛙，从而敬而远之。在自然界，像这样依靠“冒充”他人而掩人耳目的例子还有不少，让我们一起来看看吧。

角蜂眉兰极像一只雌性的胡蜂，同时还会释放出与雌性胡蜂相似的气味，诱惑雄性胡蜂，达到传粉的目的。

相似指数：★★★

猫头鹰蝶模仿猫头鹰的外貌，可以让鸟类、蟾蜍等天敌望而生畏，不敢轻易对它下手。

相似指数：★★★★

动动脑

在田野里和花圃中，活跃着各种各样的昆虫。你能够辨别它们之中哪些对农作物有益，哪些对农作物有害吗？

七星瓢虫

蚜虫

螳螂

天牛

蜻蜓

蝉

认识光

动动手·特别的镜子

拿一把不锈钢勺子，把勺子凹下去那一面朝向自己，你从勺子里看到了什么？把勺子转动180°，让凸起的那一面朝向自己，你又看到了什么？

光与眼睛

一日三变的猫眼

我们都知道，在光线强的地方，眼睛能够更清楚地看清事物，在光线弱的地方视力会比较差。然而，对猫来说，情形不是这样的。

白天，光线充足的时候，猫的瞳孔会缩小，以保护视网膜。中午的时候，猫的瞳孔眯成一条缝，就像钟表的指针，此时猫的视力相对较差。

到了夜间，猫的视力比人要好很多，只要有微弱的光线，猫的瞳孔可以张得又大又圆，收集到的光比人眼多得多，因此可以在黑夜中视物。猫的眼底有反射板，在黑暗中可以反射光线，看起来像是两个灯泡在发光。

早上猫的眼睛，瞳孔椭圆，像橄榄

中午猫的眼睛，瞳孔眯成一条缝，像钟表的指针

夜晚猫的眼睛，在灯光照射下，像两个灯泡，发出绿幽幽的光

● 夜间拍照为什么会红眼

你梳妆打扮，摆好姿势，露出灿烂的微笑，期待拍一张完美的照片，却发现照片中你的眼睛像兔子一样红。你是不是很沮丧？其实，这都是闪光灯惹的祸。

人的瞳孔和猫一样，也会随着光线变化而放大缩小，只是人的瞳孔变化不像猫那么厉害，而且对光线变化的反应时间也比较长。

夜晚拍照的时候，摄影师往往都会打闪光灯，闪光灯亮起之前，瞳孔为了适应昏暗的环境而扩张到最大。闪光灯亮起时，瞳孔来不及缩小，闪光灯的光线就会被视网膜反射导致出现红眼。

那么如何拍照才能消除红眼呢？你一定要记住，下次拍照时不要让眼睛正对闪光灯，这样就可以避免拍到视网膜。如果天花板是白色或浅色，可以对着天花板打闪光灯，这样利用天花板反射的光线便足以拍出清晰的照片。

你知道吗

如何保护眼睛

眼睛是人体非常重要的器官，我们应该学会正确用眼，避免眼睛受到伤害。

1. 应该在舒适的光线下看书，过强或过暗的光线都会给眼睛带来不良的影响。不可以边走路边看书，也不可以在行驶的车厢里看书。

2. 不要弯腰驼背或躺在床上看书，眼睛与书本保持30—35厘米的距离。

3. 尽量减少看电视、电脑、玩电子游戏的时间，因为显示屏对眼睛伤害非常大。

4. 作息有规律，营养要均衡，坚持做眼保健操。

光污染

“黑暗使人恐惧，光明给人希望。”几乎不会有人对这句话产生怀疑。然而，令人匪夷所思的是，城市的光线居然也会成为致命的杀手。这是怎么回事呢？

地球卫星图片中，夜晚城市里一片光亮，而乡村地区则一片漆黑

候鸟之死

大城市里，一座座摩天大楼拔地而起，成为人们眼中的一道风景线。而位于候鸟迁徙路线上的高楼带却成为鸟类的巨大威胁。高楼的玻璃幕墙会反射周围的景物，这使鸟类完全意识不到眼前的危险，往往来不及减速就一头撞在玻璃上。据鸟类保护志愿者组织统计，仅在加拿大的多伦多一地，每年就有100万到900万的候鸟死于这些玻璃幕墙。

海龟危机

最近，科学家发现，海滩上的人工光源会影响海龟的繁殖。海龟妈妈产卵时，会拒绝到明亮的海滩上产卵，而选择夜晚漆黑一片的海滩产卵，如果它们的繁殖地过于明亮，海龟妈妈就有可能把卵产在环境较差的沙滩上，使小海龟面临更多的危险。光污染还会迷惑小海龟，小海龟孵化后会自发地朝向明亮的光线爬行，如果没有人工光源的干扰，海上的月亮将会把小海龟吸引到海里。然而，如果海滩上灯火通明，小海龟就会爬向发亮的人造光源，无法返回大海。

奇妙的镜子

镜子是我们生活中必不可少的物品之一，也是最早被发明的生活用品之一。早在四千年前，我国就出现了用青铜制成的镜子。镜子的用途非常多，查找资料了解一下镜子的用途有哪些。如今，镜子家族又增添了好多新成员，你认识它们吗？

广角反射镜是凸面镜

手电筒的聚光镜是凹面镜

动动手 ·镜子分“蛋糕”

材料：两面镜子，一张纸，几支彩色画笔。

步骤：

1 在彩纸上画一些扇形的图案当作蛋糕。

2 把两个镜子的一边贴紧，镜面相对，立在画好的图案上。

3 通过调节两面镜子之间的夹角，改变“蛋糕”的份数。

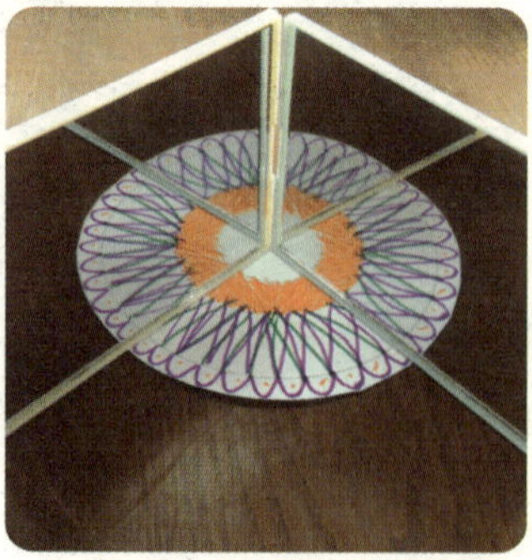

光的颜色

大雨过后,天空中经常会出现一道圆弧形的彩虹,彩虹究竟是怎么形成的呢?古代的人们对此争论不休,众说纷纭。300多年前,物理学家牛顿利用三棱镜把太阳光分解成一条七色的彩虹,此后,又有很多人用各种不同的方式制造颜色分布非常相似的彩虹。人们终于知道,原来白色的太阳光并不纯粹,它是由各种色光组合而成的。

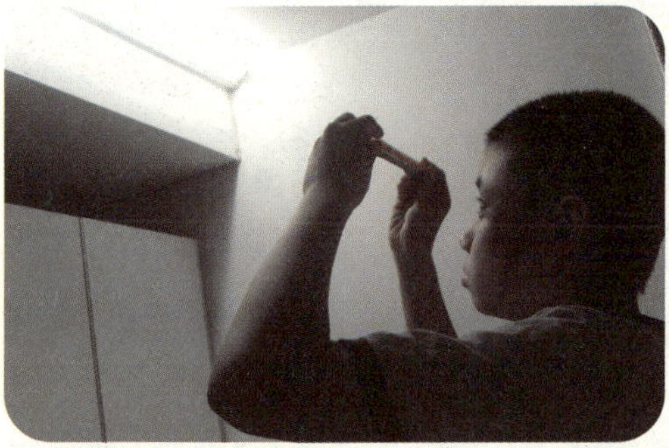

告诉你一种最简单的制造彩虹的方法:取两支铅笔,并排拿在手中,再把手举起来,使铅笔与日光灯平行,把眼睛透过铅笔缝,望向日光灯,你将会从笔缝中看到一条彩虹,现在就试试看吧!你还知道其他制造彩虹的方法吗?

动动手 ·喷水造彩虹

材料:花园里用的长水管。

步骤:

1 和大人一起,把水管的一头接到水龙头,另一头拉到一个空旷的地方。

2 打开水龙头,用拇指按压水柱或用喷嘴喷洒出大片的水花。

3 调整自己的位置,使阳光从你身后照向水花,观察是否看到彩虹。你可以调整水流的大小和角度,找到彩虹,还可以请大人洒水,自己到远处从不同角度观察。

4 仔细观察彩虹的颜色及顺序。

5 记录自己的发现。

解释:

雨滴和三棱镜一样,能够使阳光中的各种色光分散开来,从而在空中形成彩虹。

改造地球的力量

小调查

位于广东韶关的丹霞山是世界级地质公园，又称中国红石公园，以“丹崖赤壁”的丹霞地貌闻名于世。2010年世界遗产大会上，以丹霞山为主申报的中国丹霞世界自然遗产，成为中国第8项世界自然遗产。请查阅资料，认识一下丹霞地貌吧。

流水的力量

● 溶洞

地球表面有各式各样的石头，它们由各种不同的成分组成。其中有些成分会被酸雨、海水等溶解、侵蚀，而剩下的部分有的形成溶洞，有的则形成坑、石林、桥等多种让人叹为观止的自然景观。它们统称喀斯特地貌，又称岩溶地貌。中国的云贵高原东部是世界上最大的喀斯特区之一。

溶洞

天生桥

蓝洞

在伯利兹、巴哈马、关岛等地附近海域分布着许多神秘的“蓝洞”，它们大多形成在冰河时代。岩溶作用让这些地方形成了众多空洞。此后海平面上升，海水灌入洞中，便形成镶嵌在浅蓝色海洋上的深色“蓝洞”。

动动手 ·模仿溶洞的形成

材料:粉笔,醋,像皮泥,小水盆。

步骤:

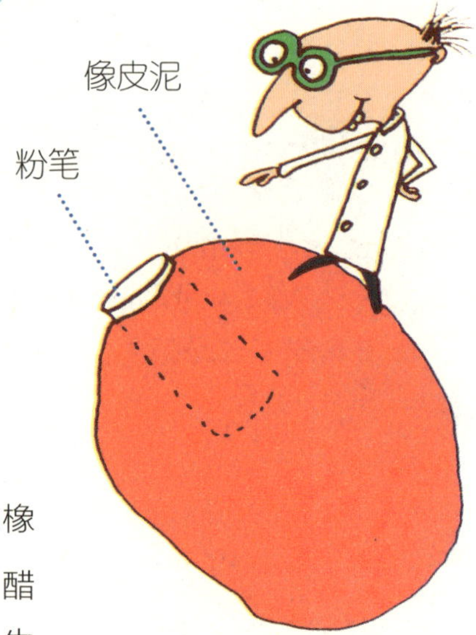

1 把像皮泥捏成球形,再把一支粉笔插进像皮泥里。

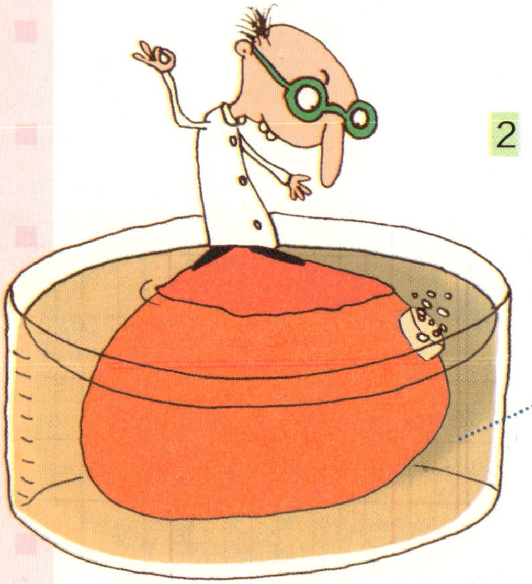

2 把插有粉笔的像皮泥泡进白醋里,并观察发生的现象。

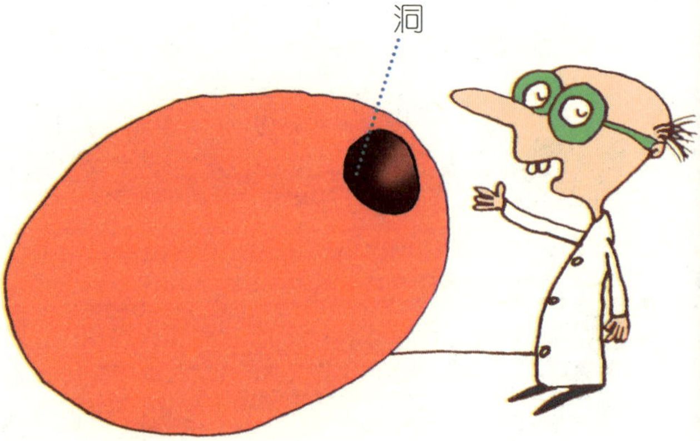

3 几分钟之后,把沾满醋的像皮泥拿出来看看,粉笔发生了什么变化?

解释:粉笔的成分和石灰岩是一样的,实验中的粉笔已经被醋溶解了——许多洞穴也是这样形成的。

想象一下:把橡皮泥当成一座大山,而粉笔是大山里的石灰岩块。数千年来,酸雨侵蚀着这块相对脆弱的石灰岩,最终把大山的内部掏空,山洞就这样形成了。

风沙的力量

风蚀蘑菇

在沙漠地区，地表植被稀少，沙土干燥松散，一阵风吹过来，天空中便黄沙漫天。这样的风沙打在岩石峭壁上，能够层层剥离岩石峭壁的表面，形成风蚀地貌。风蚀地貌包括雅丹地貌、风蚀石窝、风蚀蘑菇、风蚀城堡、风蚀谷等。

我国的风蚀地貌主要分布在青海柴达木，南疆和田、罗布泊，东疆哈密、吐鲁番，北疆克拉玛依附近地区。

你知道吗

魔鬼城

新疆维吾尔自治区的乌尔禾风城又称魔鬼城，是典型的风蚀地貌，它地处风口，四季多风。据统计，每年大风小风至少有300多场，占年度天数的86.5%。亿万年“高龄”的乌尔禾，由于风雨剥蚀，地面形成深浅不一的沟谷和高低错落的山丘。经过岁月的雕琢，一双无形的自然之手将沟谷山丘雕成千奇百怪的各种形态，令人浮想联翩。

草原的伤疤

内蒙古呼伦贝尔草原上也有很多坑，从卫星上看，草原就像是一张麻子脸。这些坑是怎么来的呢？它们既不是流水腐蚀的，也不是火山喷发的，更不是陨石撞出来的，而是人类留给草原的一个个伤疤。

呼伦贝尔草原是世界闻名的三大草原之一，自从人们在这片草原下面发现储量惊人的煤之后，草原上就怪事不断。空气弥漫着一股古怪的气味；原本一望无垠的草原上多出了一个个黑黑黄黄的大坑，大坑越来越多，导致牛羊走路都要小心翼翼；井里的水位也在不断下降，原本20米深的井就有水，现在要挖40米深的井才能得到一点点水；羊儿跑到工厂边上吃草，天黑了也不回家。你说奇怪不奇怪？

原来，所有的怪事都与这些煤矿有关。煤矿是一笔巨大的财富，人们把煤矿开采出来，供发电厂发电。有了电，机器就能运转，就能生产出各种工业产品和日常生活用品。然而，采矿如果不进行科学的管理，就无异于饮鸩止渴，为此付出的环境代价是难以弥补的，更无法用金钱来衡量。让我们来一一破解这些怪事吧：

古怪的气味来自工厂的烟囱，有些工厂为了节约成本，没有对工业废气进行任何处理，便直接排放到空气中，这些滚滚浓烟对身体的危害可想而知。

大坑是废弃的小煤窑，这些小煤窑东一个西一个，严重破坏了草原上的植被。据统计，呼伦贝尔草原已经有一半土地被矿坑吞噬、严重退化，还有一些正逐渐沙化，这些退化的土地将变成沙漠，寸草不生。

采矿需要消耗大量的水，因此矿场每天都在不断地抽取地下水，同时排放大量的污水，导致地下水位不断下降，用水越来越困难，而草原又被污水严重污染。

环境如此恶劣，牛羊怎能生存？工厂附近又怎会有羊群徘徊呢？原来，这些羊群不过是雕塑而已。有人为了保持草原的风光，制作了一些逼真的牛羊雕塑作为景观，真是自欺欺人啊！

动与静

小调查

不同的体育运动，对鞋子的要求是不一样的。查阅相关资料，比较一下跑步鞋与篮球鞋，看看它们的鞋底各有什么特点，为什么既使跑步运动员跑得快，篮球运动员跳得高，又能让他们想跑就跑，想停就停。

动与静是相对的

从宇宙中看地球，地球在不停地转动，但对生活在地球上的我们来说，我们感觉不到地球的转动，所以几百年前，人们还以为地球是静止不动的。

我们说一个物体是运动的还是静止的，主要是针对不同的参照标准物来判断的。相对参照物是运动的，我们就说这个物体是运动的；相对参照物是静止的，我们就说这个物体是静止的。

动动脑

下面的物体是运动的还是静止的？

地球人眼里的地球赤道同步卫星（即在赤道高空沿圆轨道绕地球旋转，且旋转方向和周期等同于地球自转的人造卫星）是（　　）的。

一艘轮船正在靠岸，船上乘客眼里的河岸是（　　）的。

高速列车飞驰而过，在路边人眼里，列车是（　　）的。

对列车上坐着的乘客来说，列车是（　　）的。

物体的运动方式

地球在不停地转动，我们可以说地球上所有的物体都是运动着的。但相对于地球来说，地球上的很多物体又是静止的。当施加了一个力后，静止的物体会运动起来。仔细观察周围运动的物体，你会发现，它们的运动方式各不相同，简单来说，可分为移动、滚动、摆动、振动、转动5种。

动动脑

仔细观察一下，下面这些分别属于什么运动方式。

（　　　　　　　　）

（　　　　　　　　）

（　　　　　　　　）

（　　　　　　　　）

物体运动的方式有的简单，有的复杂，主要的影响因素是作用力。下面我们一起做个实验，体会一下物体在力的作用下，运动的快慢、方向的改变。

动动手 ·绳中飞轮

材料：啤酒瓶盖，毛线，铁钉，铁锤。

步骤：

1 用铁钉在啤酒瓶盖中间打两个小孔，小孔相距2—3毫米。

2 用铁锤把啤酒瓶盖敲平，成为圆形的铁片。

3 把毛线两头穿进洞中然后打个结。

4 两手分别抓住毛线的两头，甩动瓶盖让两股绳拧到一起。

5 拉动毛线，铁片就会快速旋转，发出嗡嗡的声音。

仔细观察飞轮旋转的方向与毛线缠绕的方向，它们之间有什么关系？飞轮每次旋转的方向都一样吗？

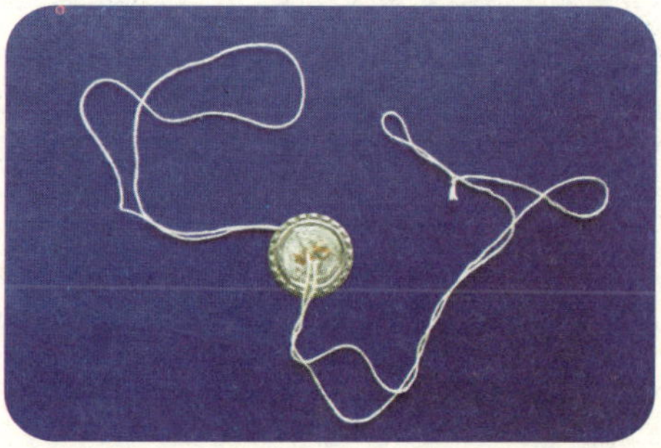

是是非非摩擦力

摩擦力无处不在，人们对它也是“又爱又恨”，有的时候，摩擦力给我们带来麻烦，我们想尽办法克服摩擦力。有的时候，我们又要借助摩擦力来完成一些工作。

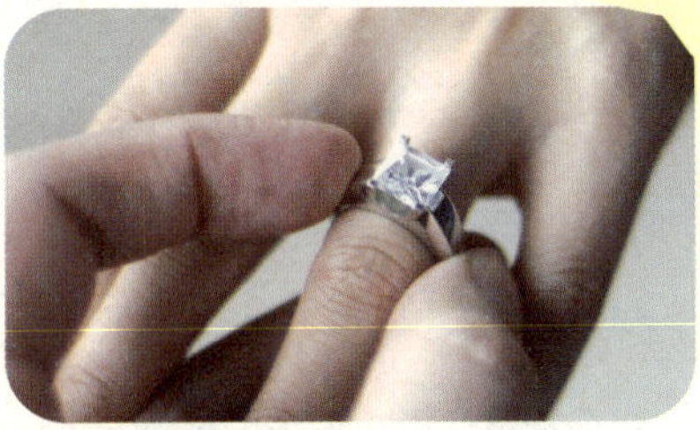

解释：肥皂水滑滑的，减少了摩擦力，戒指就可以方便地拿下来了。

解释：毛巾包住盖子，增加了摩擦力，就拧得开盖子了。

小调查

生活中利用和消除摩擦力的例子还有很多，做个生活的有心人，观察一下周围人们的活动，填写右表。

现象	减小摩擦力	增加摩擦力

急停与急跑

大家有没有这个体会？你正在快速奔跑，突然身后有人叫你，你想马上停下来看看是谁。但身不由己，你总要继续跑几步后才停得下来。这是什么原因呢？

原来，不论是运动中的物体，还是静止不动的物体，都有一种惯性，也就是保持原来状态的本性。

由于惯性的存在，高速运动的物体要停下来，制动后会滑行一段距离。也是由于惯性的作用，静止的列车从启动到达到某一时速，需要一定的加速时间。

在现代汽车行业中，制动距离和加速时间是衡量汽车性能、安全性的重要依据。一般来说，制动距离越短，加速时间越短，这辆车的性能就越好。

车型	(速度从 100 千米/时到零的)制动距离(米)	(速度从零到 100 千米/时的)加速时间(秒)
F1 赛车	30—50	1—2
跑车	40—80	2—3
一般轿车	40—100	5—10

你知道吗

狐狸的救命绝招

一些聪明的动物，在逃避追捕者的追杀时，也会应用惯性。

在一些地方，狐狸会溜到农民家中偷鸡，护院的看家狗看到后，便会飞速追捕。尽管它们奔跑速度差不多，但大多数情况下狐狸能逃之夭夭。原来，狐狸在逃跑的时候会耍一些小计谋，不断地改变逃跑方向，同时左右甩动它那又粗又大的尾巴来保持平衡。它突然往左转，然后突然跳跃起来，继而又突然朝右跑。而狗由于惯性的作用，无法在狐狸转弯、跳跃时保持同步，慢慢地就被狐狸甩开了。

沉与浮的秘密

你知道吗

最古老的船

由于很多木头放到水里都会浮起来,所以人类首先想到用木头制作水上交通工具——船。世界上最古老的船发现于中国浙江的一处古文化遗址中,距今大约8000年了。猜猜看那是什么船?——独木舟,你猜对了吗?

现代独木舟

谁主沉浮

物体的密度对沉浮的影响

谈到物体的沉浮,就不得不说到密度——单位体积中物体的质量叫密度。如果物体的密度比它所在的液体密度大,就会下沉;物体的密度比它所在的液体密度小,就会上浮;当物体的密度等于液体密度时,物体处于悬浮状态。

饺子里面的空气被加热后体积膨胀,使得饺子的体积增大很多,这样,饺子的密度变小,就漂浮起来

冰的密度比水小,因此会浮在水上。不过,冰山露出水面的部分只占其总体积的 1/10—1/7,因此人们常用"冰山一角"来形容事物只显露一小部分

铁板会下沉而用铁板做成的船不会下沉,因为做成船后,空间变大了,所以船的密度比水小

不仅是固体在液体中有沉浮，液体在另一种液体中也会有沉浮，例如把油滴进水里，油就漂浮在水面上。当两种密度不同的液体放在一起时，可能会发生一些很有趣的事情。

动动手 · 在油中下落的水滴

材料：胡椒瓶，水，砂糖，绘画用的颜料，玻璃杯，色拉油，一次性筷子。

步骤：

1 将胡椒瓶灌满水，尽可能多地放入砂糖，搅拌，使砂糖溶解。再放入少许颜料，使水着色。用筷子搅拌均匀，盖上盖子。

2 往玻璃杯中倒入大半杯色拉油。

3 把胡椒瓶倒过来，轻轻敲打瓶底，使有颜色的水一滴一滴地滴入色拉油中。

4 观察现象并记录。

可以看到，水滴在油中一点一点地往下降，非常漂亮！这不仅是因为水与油不互溶，而且由于水的密度比油大，所以水滴在油中会下落。

生活中，人们还利用密度小的液体可以浮在密度大的液体上面的原理，调制出了色彩鲜艳的鸡尾酒。

鸡尾酒

● 食物新鲜吗

有些食物,从外表上看,无法判断其新鲜程度,但是把它放入水中后,就会有意想不到的现象发生。让我们亲自动手做个实验,感受一下吧。

动动手 · 鸡蛋新鲜吗

材料:新鲜的鸡蛋,放置了10天左右的鸡蛋,放置了一个月的鸡蛋,一盆水。

步骤:用手捏住鸡蛋(使比较尖的一端朝上),放入水中,然后松开手,观察鸡蛋将会怎样。

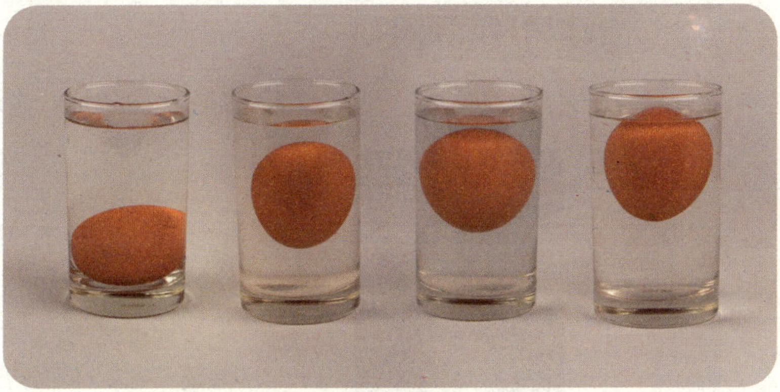

不同新鲜程度的鸡蛋在水中的情况

可以看到,新鲜的鸡蛋是平躺在水底的;如果鸡蛋立着或者浮在水中央,说明已经放置数日;如果鸡蛋是浮在水面的,那它肯定已经变质了。这是因为随着时间的流逝,鸡蛋里面的水分会由于蒸发而变少,而鸡蛋里的空气会增多,整个鸡蛋的密度变小,因此就浮起来了。

● 打捞沉船

浮筒打捞法是打捞沉船常用的一种方法。首先，将多个浮筒装满水后沉放到沉船附近，并将其绑在沉船上；然后，用高压空气将浮筒中的水慢慢排出，浮筒就开始慢慢地上浮。随着浮筒浮力的增大，就可以将沉船打捞出水面。

采用浮筒打捞法打捞沉船的场景：4个浮筒拉起沉船

动动手·模拟打捞沉船

材料：塑料小船，密封的轻质玻璃瓶，短吸管2根，橡胶管，注射器，橡筋，橡皮泥。

步骤：

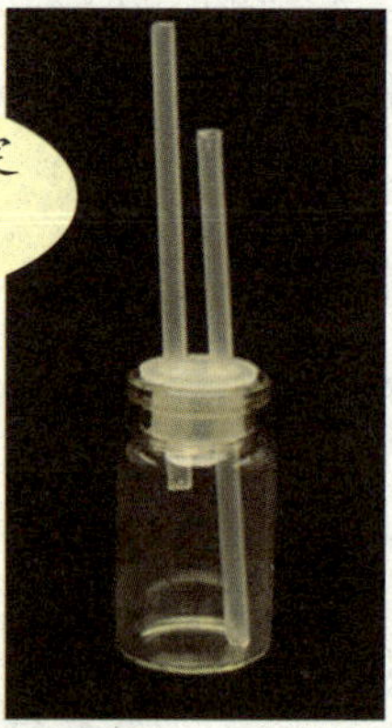

1 把玻璃瓶装满水，再把两根吸管插入玻璃瓶的盖子，其中一根插到瓶底，另一根插得浅一些。用橡皮泥把吸管与瓶盖间的缝隙填满，防止漏水。

2 用橡胶管把插入较浅的那根吸管与注射器相连，在水底用橡筋把玻璃瓶与小船绑在一起。

3 推动注射器，向玻璃瓶里注入空气。观察瓶内的水是否被排出，小船是否逐渐浮起来。

浮力选种

干瘪的种子和被虫蛀的种子密度要比饱满的种子密度小得多，在盐水中会浮起来，因此，利用将种子放在一定浓度盐水里的方法，可以比较容易地将好种子和坏种子区分开。

不饱满的种子在水中会浮起来

农民正在用盐水选种法选种

人在水中的沉浮

在水中，人体密度的变化与呼吸有密切的关系；对于人在水中的沉浮起主要作用的因素就是呼吸。人在吸气后，肺部充满气体、胸腔扩大，人体的密度略小于水的密度，身体就容易浮在水面上；吐气后，肺部没有气体，胸腔变小，人体的密度可增至略大于水的密度，身体更容易沉入水中。因此，在游泳时，应当掌握正确的呼吸即换气方法。

另外，想要浮起来，就应尽量把身体的绝大部分没入水中。例如，将头抬出水面，就相当于减少了头这一部分体积在水中受到的浮力，同时，相当于背负着与头同样重量的重物在游泳，很容易下沉。因此，无论是蛙泳、蝶泳、仰泳还是自由泳，都要求游泳者水平地浮在水面上。

动动脑

你知道鱼怎么控制身体的沉浮吗？

冷 和 热

你知道吗

人的皮肤中有感知外界温度变化的结构，称为“温度感受器”。当我们接触的外界环境或物体的温度发生变化时，我们就会觉得冷了或者热了。当环境温度低于皮肤温度时我们会感到冷，当环境温度高于皮肤温度时我们会感到热。

物体的热胀冷缩

热胀冷缩是物体的一种基本性质。一般情况下，物体受热时体积会膨胀，遇冷时体积会缩小。

动动手·瓶子吞鸡蛋

材料：去壳熟鸡蛋1个，玻璃瓶（瓶口比鸡蛋略小）1个，火柴，小纸条。

步骤：

1 将鸡蛋小头朝下放在瓶口，鸡蛋刚好掉不下去。

2 从瓶口拿走鸡蛋，向瓶中迅速放入点燃的火柴或一小条点燃的纸。

3 等到火焰快要熄灭时，再次将鸡蛋小头朝下放到瓶口，看一看会发生什么情况。

可以看到，鸡蛋被瓶子“吞”了进去。这是因为燃烧使得瓶子里的温度升高，温度升高使得瓶子里的空气热胀冷缩，不断散发到瓶子以外，瓶内气体减少，气压也因此而变小，瓶子外的气压就能够把鸡蛋压进瓶子里。看上去，就像瓶子“吞”下了鸡蛋一样。

生活中常用的温度计(酒精温度计、水银温度计等)都是利用液体热胀冷缩的性质制成的。其中,酒精温度计的测温范围在-80—80℃之间,水银温度计的测温范围在-35—300℃之间。

根据被测对象的特点,人们设计出了不同用途的温度计。

烤箱温度计要能耐高温

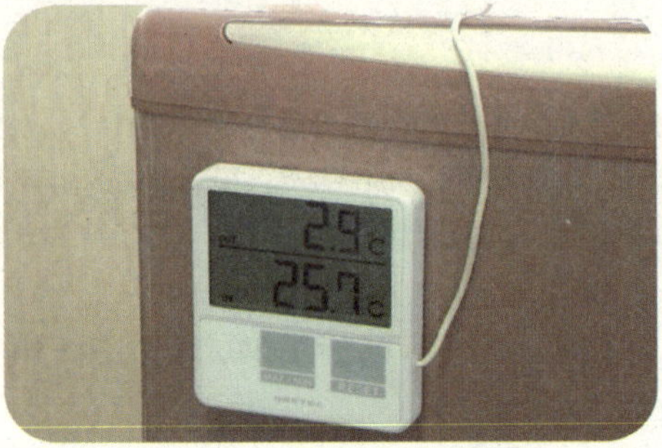

冰箱温度计要能够显示小于1℃的温度浮动

土壤温度计要足够结实并能经受各种天气变化

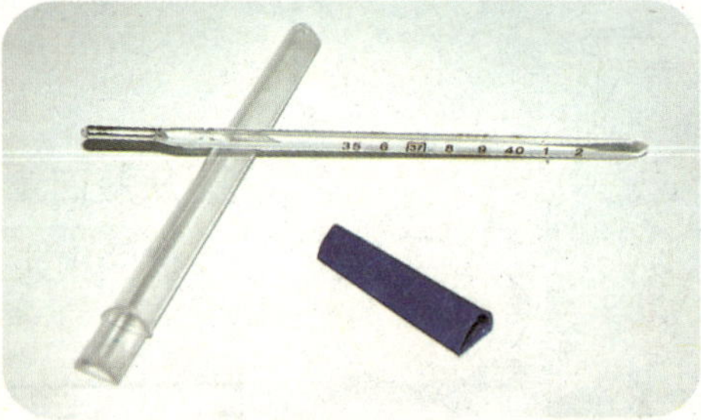

体温计要能显示它曾测定的最高温度

你知道吗

最早的温度计

1593年,著名科学家伽利略发现了气体热胀冷缩的现象。经过反复试验,他于1603年制成了最早的温度计——空气温度计:将一根玻璃管的一头加热吹大,做成球形,另一头开口,管中装有带颜色的水。将空气温度计倒放入水里,当玻璃球周围温度升高时,玻璃球中的气体膨胀,管中水位就会下降。在玻璃管上刻上刻度,就可以知道温度了。

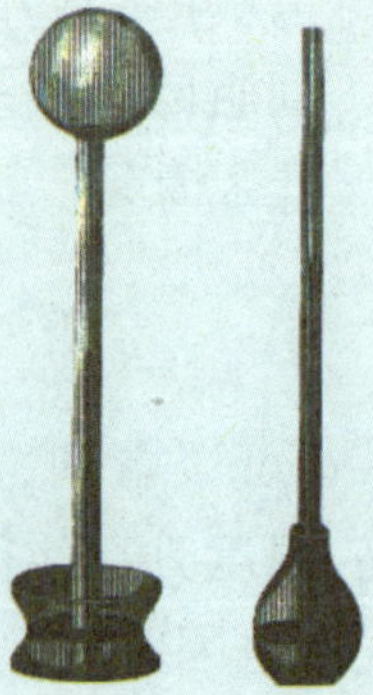

不过，并非所有物质都是热胀冷缩的。水在0—4℃范围内就是热缩冷胀的。水的这种反常膨胀对我们生活其中的大自然有着神奇的影响。例如，冬季，当江河湖泊的水温降到4℃以下时，由于水的反常膨胀，密度减小，于是冷水层停留在上面继续冷却，直至结冰。由于冰的密度比水小，所以冰一直浮在水面上而不下沉；冰下面的水，越往下温度越高，从上到下温度从0℃逐渐上升至4℃，水中的动植物在水底就能安然过冬。

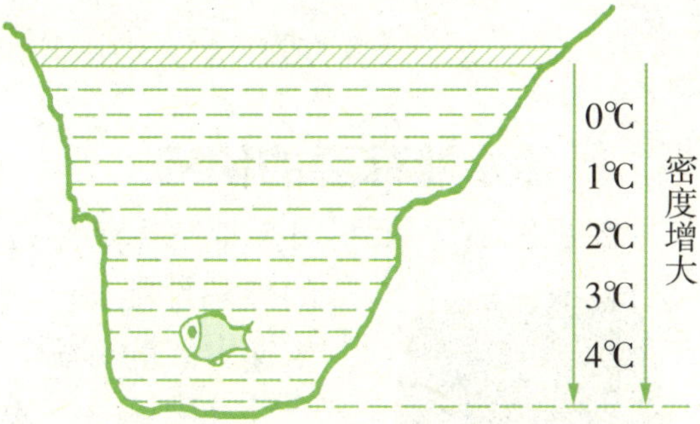

你知道吗

拒绝热胀冷缩的特殊物质

因瓦合金又叫殷钢，是一种镍铁合金，其成分为镍36%，铁63.8%，碳0.2%，可以在很宽的温度范围内保持原状，几乎不发生热胀冷缩。瑞士科学家纪尧姆因发现这一材料而获得1920年诺贝尔物理学奖。

青铜、纯铁、锑、铋、镓等金属具有与一般金属不同的特点——热缩冷胀。硫化镍也是冷胀热缩的物质，常会致使钢化玻璃自爆。

热的保持与散失

● 热水瓶保温的秘密

要想保温，就要尽可能地减少热传递。因此，热水瓶的设计不仅考虑了材料的导热性能，还考虑到了热传导、对流和热辐射这三种热传递方式的影响。

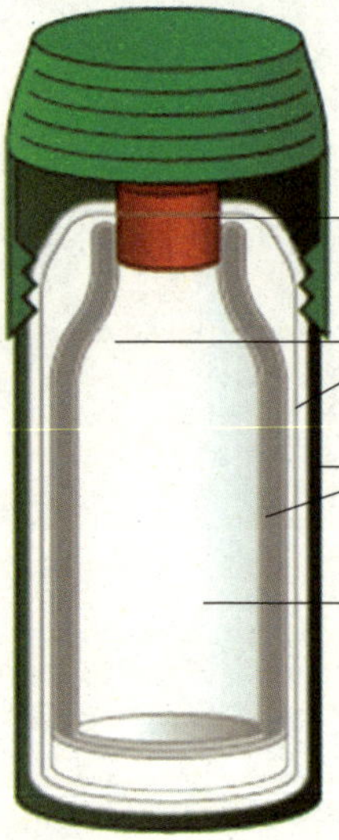

热水瓶的构造并不复杂。首先，它的内胆是镀了一层银色镀膜的双层真空玻璃——真空状态可以防止热传导和热对流，而镀银可以大大减少热量向外辐射；其次，用软木塞堵在瓶口，可使瓶内外无法形成空气对流，从而减少热量损失。

如果瓶内储存的是冷的液体，热水瓶的这种结构又可以防止外面的热能辐射到瓶内，起到"保冷"的作用。

你知道吗

灌满的热水瓶反而不是最保温

由于用作瓶塞的软木塞无法完全阻隔空气对流，热水瓶内的热量还是会一点点传到瓶外。如果将热水瓶灌满，软木塞浸润在水中，由于水的导热能力比空气强，热量就以水为媒介传到瓶外。如果将水灌到距瓶口软木塞2—3厘米处，在瓶口处留一些空气，因空气的导热性能比较差，热量就不容易通过水面上的空气传到瓶外，因此减少了热量的散失。

动物如何保温

北极熊的毛皮由许多中空的管子组成，可以充分吸收阳光的热量

天气极冷时，鸟会让其绒毛松散，以便增加绒毛之间的空气

冬季来临前，猫、狗和马等动物会长出更多的毛；春季，这些额外的毛会褪掉

许多居住在寒冷海洋中的动物，如海豹、海象等，都有一层被称为“鲸脂”的脂肪，有助于保持体内的热量

寻找回家路

你知道吗

超级认路高手

鸽子和蜜蜂都是辨别方向的超级高手。把一只信鸽带到千里之外的地方放飞，它也能回到家；蜜蜂采蜜时以不同的飞舞方式表示方向。科学家发现，它们其实都是靠地球磁场来辨识方向的。

利用简易方法巧辨方向

利用植物提供的信息辨别方向

常言道:“万物生长靠太阳”,太阳的热能在自然界形成了许多间接判定方向的特征。

在北半球,通常大树朝南的一面枝叶繁茂,树皮光滑;朝北的一面则枝叶比较稀疏,树干上可能长有青苔。苹果、枣、柑橘、荔枝等果树朝南的一面枝叶茂盛,结果多,而且成熟时,南面的果实先变色。把树木锯倒后,可以看到树墩的横断面上有一圈圈深浅不一的同心环纹。这些环纹就是树木的“年轮”。在北半球,一般树木朝南的一面年轮间距较宽,朝北的一面年轮间距较窄。

利用太阳辨别方向

在白天,太阳是最好的“指路明灯”。通过观察太阳的升落方位,就可以大致知道东南西北。对北半球而言,冬季时日出的位置是东偏南,日落的位置是西偏南;夏季日出的位置是东偏北,日落的位置是西偏北;春分、秋分前后,日出在正东,日落在正西。在北回归线以北的地区,正午时,我们的影子永远指向北方。

在北半球,冬季时,在地上垂直竖立一根木棍,上午木棍的影子指向西北,下午影子指向东北,影子最短时是正中午,这时影子指向正北方。此外,还可以通过下面的方法,利用太阳照耀木棍所产生的影子的移动来辨别方向。

● 在雪地里辨别方向

无论天气有多冷，只要白天有太阳，向阳面的雪肯定要比背阴面的雪硬。

北半球的积雪通常朝南的一面先融化，朝北的一面后融化。但对于坑穴和凹地来说，则是北面向阳，融雪较早。

● 星星指路

天空中虽然繁星密布，但所有的星星常常排列在一定的位置上。在北半球，北极的上空有一颗明亮的星星——北极星，面向它时，正前方就是北。

你知道吗

北极星

北斗七星由北半球天空中的七颗亮星组成，形状像一把勺子，终年可见。连接勺头的两颗星星是α和β，由β向α方向延伸约5倍处便是北极星。北极星位于正北天空，找到了北极星便可确定正北方向。北极星是夜间辨认方向最可靠的标志。

● 利用月亮辨别方向

月亮的起落和圆缺变化都是有规律的。可以像用观察太阳移动的位置辨别方向一样，通过观察月亮的形状来辨认方向。

上弦月

农历十五以前的月亮，亮部在右边，称为上弦月。上弦月黄昏时由东方天空升起，深夜则沉没于西方地平线。

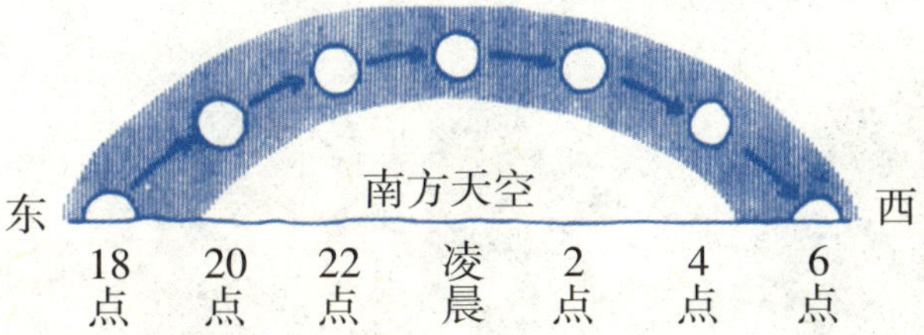

满月

农历十五左右，整个月亮都是亮的，称为满月。满月黄昏时由东方地平线升起，清晨则沉没于西方地平线。

下弦月

农历十五以后的月亮，亮部在左边，称为下弦月。下弦月深夜时由东方地平线升起，清晨则位于西方天空上。

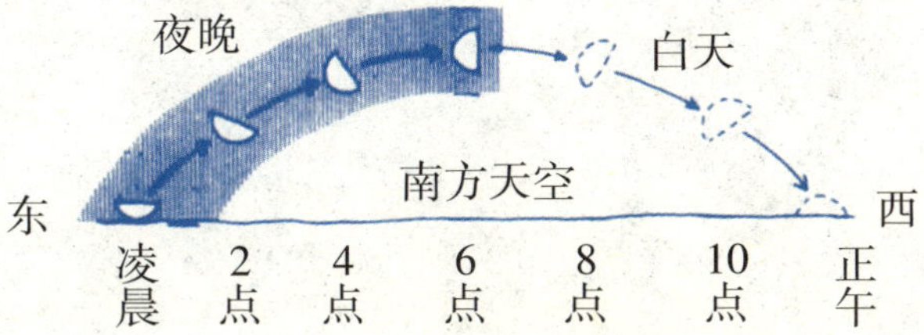

借助工具和仪器辨别方向

● 古代指示方向的工具

指南针的主要部件是一根装在轴上可以自由转动的磁针，它的前身是中国古代四大发明之一的司南。

司南

指南针

过去，人们出海航行时主要依靠六分仪来确定自己所处的位置（经纬度）。除此以外，还要依靠罗盘指明前进的方向。罗盘由指南针发展而来，它的方位划分比指南针精密许多。

罗盘

六分仪

● 现代指示方向的仪器与技术

陀螺仪

人们根据陀螺高速转动时稳定性极好的特性制成了陀螺仪。不管陀螺仪的基座怎样变动，陀螺总是能够指向原来的方向，稳定地绕旋转轴高速旋转。驾驶员通过陀螺仪表盘就可以了解航行的方向。

在飞机、导弹、人造卫星、宇宙飞船里安上陀螺仪，让它带动自动控制系统，就能实现自动导航。

陀螺仪

卫星导航

现在人们出行可以依靠种类繁多的导航仪。导航仪能够精确导航,得益于导航定位系统的强大功能。导航定位系统由太空中的导航定位卫星、地面控制系统、用户终端这三部分组成,可以在服务区域内任何时间、任何地点,为用户提供其所处的地理经纬度信息。

手持式导航仪

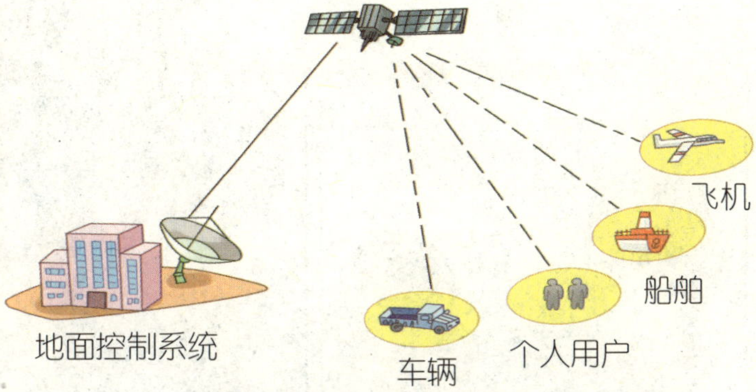

车载导航仪

船用导航仪

把握时间

动动脑·时间单位

找一找，下面这些词中，有哪些是时间单位？对于古代的时间单位，如果换算成现在的时间的话，相当于多长时间？

午时三刻	甲子	三更半夜	光年	飞秒
（　）	（　）	（　）	（　）	（　）

时间的表示

● 阴历和阳历

阴历是依据月亮圆缺变化周期制定的历法。现在通常所说的阴历指的是夏历，因与农时密切相关，所以又叫农历，但是夏历有闰月的设置，并不是一种纯粹的阴历。

阳历是根据地球公转周期而制定的历法。地球绕太阳公转一周需要1年，总计365日5时48分46秒，称为回归年。历法上的“年”为了方便应用，不采用回归年，而是采用完整的天数，分为平年和闰年两种，平年为365天，闰年比平年多出一天，为366天。

你知道吗

闰　年

闰年是为了弥补人为制定的历法与地球实际公转周期之间的差异而设立的。补上时间差的年份为闰年。通常每隔四年设置一次闰年。但仍有一定误差，因此逢世纪年数必须是400的整数倍（如1600，2000……）才置闰。这样修正后，大约3000年才会出现一天时间的误差。

动动手·用拳头帮助记忆公历月份的大小

握紧拳头，从左手食指凸起的关节开始（为1月）往下数，凸起的关节均为大月（31天），凹下的均为小月（30天，2月为28或29天），数到小拇指是7月大；这时返回食指开始数，为8月大，以此类推，数到12月为止。

时间的特点

与长度、质量、温度等相比，时间具有独特的性质。

首先，时间是看不见、听不到、闻不着、尝不了的，我们只能通过意识或者观察时间引起的变化来感受时间的存在。

其次，时间只会向前流动，不可倒退。

第三，时间是不断变化的。

动动脑

读一读下面与时间有关的诗句，你能理解其中的含义吗？

子在川上曰：逝者如斯夫，不舍昼夜。

——孔子

人生天地之间，若白驹之过隙，忽然而已。

——庄子

君不见黄河之水天上来，奔流到海不复回。君不见高堂明镜悲白发，朝如青丝暮成雪。

——李白

小调查

了解时间的尺度

自然界的每一事件都有其持续的时间，不同事件持续时间的跨度差别极大。有些时间极长，而有些时间极短。

为了便于说明这些时间，人们规定了许多时间单位，如秒、毫秒、微秒、纳秒、皮秒、飞秒。查阅资料，了解一下这些单位与秒分别是怎样换算的，从而感受一下时间的尺度。

1秒=__________毫秒

1秒=__________微秒

1秒=__________纳秒

1秒=__________皮秒

1秒=__________飞秒

时间的测量

计时工具的发展经历了漫长的过程。从古代至今，人们发明了圭表、日晷、漏壶、香篆钟、沙漏、机械水钟、机械钟、天文钟、石英钟、分子钟、原子钟……目前，计时的精度已经达到3000万年不差一秒，而人类还在孜孜不倦地追求着更高的精度。

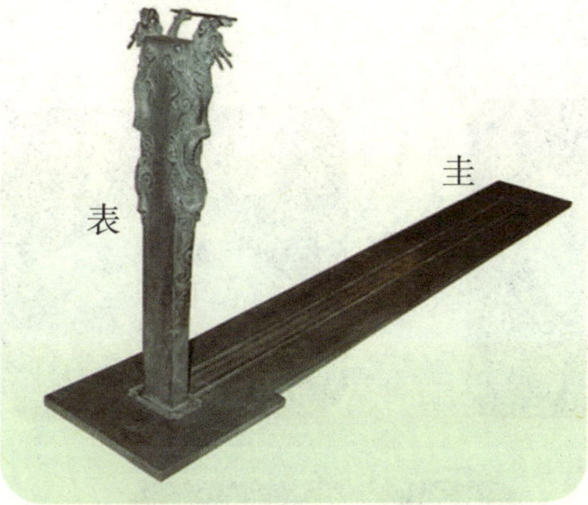

圭表最早是中国人发明的，它利用阳光下表影移动的规律测定24节气和回归年长度

日晷通过观察阳光下晷针在与其垂直的晷盘上投影的方位变化来判断时间，其计时精度能准确到“刻”

700年前欧洲发明了机械钟，随后，便于携带的机械表诞生了

30年前，日本发明了石英表，它的成本是机械表的1%，而精确度是机械表的几十倍

电子表即全电子化的手表，无任何走动元件，内部结构运用集成电路，走时更为精确

动动手 · 自制沙漏

让我们用沙子或盐来制作一个计时器——沙漏。

材料：白纸，胶带，剪刀，沙子或盐。

步骤：

1 在纸上画一个圆，剪下后对折，再对折。

2 使圆成为一个圆锥，用胶带粘牢。用剪刀把锥体的顶点戳出一个小洞，用手指堵住洞口，另一人向锥体里倒入半杯沙子或盐。

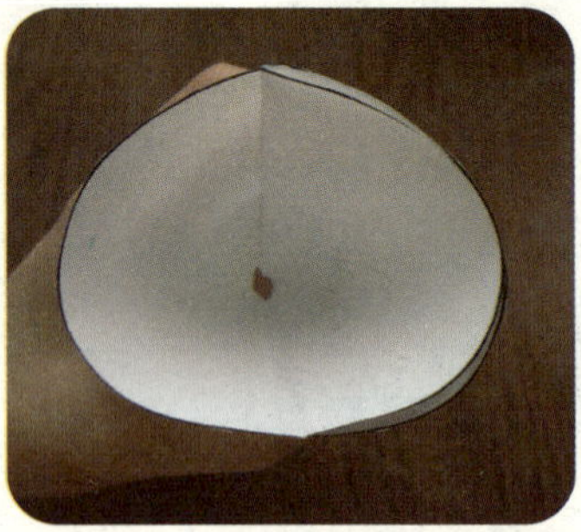

3 把锥体移到碗的上方，把堵住洞口的手指移开，同时开始计时，看看所有沙子或盐流到碗里需要多少时间。

你能通过改变沙子或盐的量以及洞的大小来制作一个10秒或30秒的沙漏吗？

穿越时空的畅想

前往未来

常有人畅想“前往未来”的方法：使人长时间处于“冬眠”状态，然后在未来某一天将其唤醒。不少科幻作品中也有类似的情节。

目前，与此最接近的研究，是向猪和狗体内注射一种盐冰混合溶液，使它们的体温迅速降至约10℃，从而进入假死状态。受试的猪和狗大部分在几个小时后成功恢复了生机，但有一些因为大脑受损而成了“僵尸狗”和“智障猪”。

自然界的冬眠高手——阿拉斯加黑熊依靠主动调节心率，能一觉睡上6—7个月

不过，人们即便能学会假死或冬眠，也仅仅是使机体达到浅层次的半休眠状态而已，以当前的科学技术水平，还很难想象能将人冷藏百年、千年后重新唤醒。

窥视过去

我们晚上看星星时，有可能看到几十亿年前的东西，因为有的星星发出的光需要旅行上亿年甚至是几十亿年的时间才能到达地球。

2011年年初，美国加州大学的天文学家宣布，他们通过哈勃太空望远镜发现了距离地球132亿光年的遥远星系。据推测，望远镜中的影像来自宇宙诞生后大约4.8亿年（目前宇宙年龄约为137亿年）。打个比方，假设现在的宇宙是40岁，那么望远镜所看到的影像并不是遥远星系现在的模样，而只是宇宙宝宝1岁半时的一部分。

既然我们能够遥望其他星球过去的模样，那么我们能够看到自己的历史吗？理论上似乎可行，但可能性实在是微乎其微。

我们的地球家园

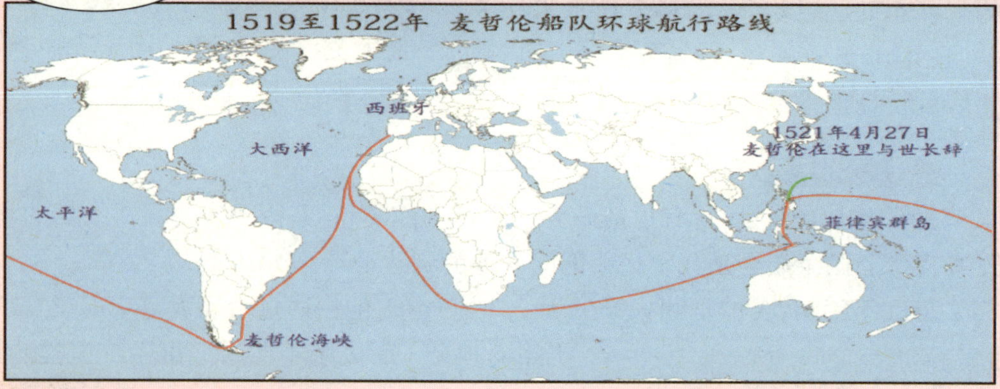

1519至1522年 麦哲伦船队环球航行路线

你知道吗

中国古代神话——《共工怒撞不周山》

中国古代神话中，黄帝的孙子颛顼和炎帝的后人共工发生了矛盾，共工一气之下撞向天地间的支柱不周山。不周山拦腰折断，天地发生巨变，大地向东南方向塌陷，天空向西北方向倾倒。因为天空向西北方向倾倒，日月星辰就每天都从东边升起，向西边降落；因为大地向东南塌陷，大江大河的水就都奔腾向东，流入东边的大海里去了。

你还知道哪些关于地球形状的传说和故事？

人类认识地球的历程

● 盖天说和漂浮说

大约3000年前，中国人认为大地是方的，像一个棋盘，天是圆的，像一把张开的大伞覆盖在大地上，四周有天柱支撑，这一学说被称为“盖天说”。古埃及人则认为大地是漂浮在水上的。

● 浑天说和宣夜说

1900年前，中国东汉时期的天文学家张衡提出了“浑天说”，认为天像蛋壳，地像蛋黄，天大地小，地被天包在其中。当时还有一种“宣夜说”，认为宇宙是无限的，宇宙中充满了气体，所有天体都在气体中飘浮运动。

● 哥白尼提出日心说

500年前，波兰天文学家哥白尼出版《天体运行论》，提出了一种全新的宇宙体系——日心地动说，简称“日心说”。日心说认为，太阳静止于宇宙中心，包括地球在内的行星皆绕着太阳转动。离太阳最近的是水星，其次是金星、地球、火星、木星和土星。只有月球环绕地球运行。恒星位于离太阳非常遥远的一个天球表面上静止不动。地球每天绕自转轴旋转一周。《天体运行论》是一部不朽的巨著。

昼夜知多少

月球是地球的卫星，它在绕着地球公转的同时，也在不停地自西向东自转，所以月球上也有昼夜现象。在月球上，太阳从升起到落下需要320多个小时，再经过320多个小时的黑夜，才算一个“昼夜”。这么一算，月球上的一个昼夜大约是地球上的4个星期！在月球上，太阳出来后，由于没有空气和云层的阻隔，月面的温度会高达127℃!太阳落下后，月面温度又会降到−183℃！

动动手 · 探索含羞草的昼夜节律

把一株含羞草放在一个纸箱里，在纸箱上打个洞用于观察，将纸箱放置于黑暗环境中。在不同的时间观察含羞草叶片的变化。

生命与气候

你知道吗

竺可桢

竺可桢是中国当代著名的地理学家、气象学家和教育家，是中国现代地理学和气象学的奠基人，现代物候学的开拓者。竺可桢非常重视物候观测，并几十年如一日坚持气象、物候记录。

每年春节过后，大地就渐渐从沉睡中苏醒过来：冰雪融化，草木萌芽，各种花木次第开花。再过两月，燕子翩然归来，大自然呈现一片欣欣向荣的景象。不久，布谷鸟也来了，于是渐次转入炎热的夏季；植物忙着孕育果实。等到秋天来到的时候，果实成熟；植物的叶子慢慢变黄，经不住阵阵秋风的吹袭，就簌簌地落了下来。这时北雁南飞，其他各种候鸟也相继离去，大地又呈现一片万木落叶、衰草连天的萧飒景象。过此，活跃在田间草际的各种昆虫也都消声匿迹。大地又沉沉睡去，准备迎接风雪载途的寒冬。岁岁如是，周而复始……

这些自然现象不知陶醉了多少诗人，因而一草一木、一鸟一虫也都成了他们讴歌大自然的素材，成了他们抒发感情的凭借。不过农民们对这些自然现象的感受和诗人们又不同。几千年来，他们注意了草木荣枯、候鸟去来等自然现象与气候之间的联系，并据以安排自己的农事活动。在农民看来，鸟语花香、秋山红叶都是大自然的语言。杏花开了，就好像大自然在传语他们赶快耕地；桃花开了，又好像在暗示他们赶快种谷子。春末夏初，布谷鸟开始唱歌，可是我们的农民却懂得她在唱什么：她在声声地啼叫着“阿公阿婆，割麦插禾”。

——摘自《一门丰产的科学——物候学》，竺可桢

小调查

你认为月球上有四季吗？先推测一下，然后查阅资料，看看自己的推测否正确。

神秘的南极和北极

● 最后被发现的大陆——南极洲

南极洲是人类最后发现的一块大陆，面积约1400万平方千米，冰层使南极洲的平均海拔高度达到2350米，是一片最洁净、最遥远的大陆。

它是冰雪量最多的大陆：储存了全世界冰雪总量的95%，冰盖平均厚度2500米，被誉为“地球冰库”。

它是最寒冷的大陆：南极大陆储藏热量的能力较弱，常年冰雪覆盖，年平均气温-25℃至-30℃，最低气温达-89.6℃。

它是最长昼夜的大陆：在南极点，半年是极昼，半年是极夜。

它是最干旱的大陆：降雨极少，被称为“白色沙漠”。

它是暴风雪最强的大陆：多暴风雪天气，被称为“暴风雪之乡”。

● 北极熊的故乡——北极区

北极区是指北极圈以北的地区，包括北冰洋和其中的岛屿，以及欧洲、亚洲、北美洲北部的地区，总面积约2100万平方千米。北冰洋为北极区的核心，海冰的平均厚度约3米。北极的气候与南极类似，但由于海水储热的能力较强，所以北极的年平均气温比南极要高，在-10℃左右。由于全球变暖，北极的海冰正在快速消融，到2080年有全部消失的可能。

人类一直富有冒险精神，这也体现在极地探险中。1906年4月6日，美国探险家皮尔里经过多次探险，终于成功到达北极点。1911年12月14日，挪威探险家阿蒙森历尽艰辛，终于成为第一个登上南极点的人。

● 中国的极地考察

1984年11月，中国第一支南极考察队踏上征程，并建立了中国第一个南极考察站长城站。1989年中国极地研究中心成立，专门从事极地考察任务。迄今为止，中国共进行了30次南极考察和5次北极考察，建立的南极考察站有南极站、中山站、昆仑站和泰山站，建立的北极考察站为黄河站。

极地考察的内容包括地球物理、海洋水文与气象、海洋地质、海洋化学、海洋生物与生态等，为多学科综合考察。

你知道吗

“雪龙号”极地考察船

“雪龙号”极地考察船是中国最大的极地考察船，也是中国第三代极地考察破冰船。船体用特级钢板制作，即使在-40℃的严寒气候条件下也不会变形。船上配备先进的导航、定位、自动驾驶系统和通信系统，还有能容纳两架直升机的平台和配套设备。船上设有数据处理中心、气象分析预报中心和海洋物理、化学、生物、地质、气象等一系列科学考察实验室。全船共6层，可乘载约130人。“雪龙号”上生活设施一应俱全，还设有游泳池、图书馆、健身房、室内篮球场、手术室等。

责任编辑 郑丁葳　蔡　洁
装帧设计 杨　静

小学科学拓展阅读丛书
课本上学不到的科学
五年级
主　编　陈　蕾
编写者　田宇捷　屈　烈　顾燕忠　蒋斯嘉　翟元强　戴　锦

出版发行 上海世纪出版股份有限公司
上 海 科 技 教 育 出 版 社
（上海市冠生园路393号　邮政编码200235）
网　　址 www.sste.com　www.ewen.cc
经　　销 各地新华书店
印　　刷 常熟市华顺印刷有限公司
开　　本 720×1000　1/16
字　　数 52 000
印　　张 4
版　　次 2014年7月第1版
印　　次 2014年7月第1次印刷
书　　号 ISBN 978-7-5428-5991-4/G·3346
定　　价 18.00元